AF607469

VOLVER A VOLVER

FRANCISCO JAVIER FERNÁNDEZ ESPINOSA

Aliarediciones

Corrección: Eladia Guerrero
Diseño de cubierta: Pablo Arellano
Maquetación: Aliar Ediciones

Depósito Legal: GR 67-2026
ISBN: 979-13-88058-47-9

Impreso en España

Edita
ALIAR Ediciones
www.aliarediciones.es
info@aliarediciones.es

VOLVER A VOLVER

FRANCISCO JAVIER FERNÁNDEZ ESPINOSA

Volver a volver

«[…] Ve a anunciar
que las puertas están abiertas».

Francisco Domene

Parte I

VOLVER

Piel de papel

> «La piel es vertedero de memoria
> lo mismo que el poema [...]».
>
> Aurora Luque

Querido lector que me disfrazas
de esperanza, no decaigas
en la pugna que une mis noches y tus días.
Como una sucursal de nuestros labios
las páginas se entornan
a la caricia de los dedos.
Esta piel de papel nuestra,
tersa en los albores y vivida
por la constancia del deseo,
sabe que casi todos
mis maestros están muertos,
que casi nadie sobrevive
a los hospitales del etcétera,
pero, sin embargo, cuando siempre
no es siempre, el poema
parece tocado por el favor
de quienes ya nos salvaron la vida.

Secreto

«Esta tarde, mi bien, cuando te hablaba».

Sor Juana Inés de la Cruz

Vienes al abrazo
como atravesado por una espada.
También tu sombra
llega ante la mía después
de su sueño de luz.
Sigues guardando el secreto
de aguardiente y tristeza
de los niños que huyen
del mediodía, dejando atrás todo
menos la cadena invisible
que les condena a los años.
Corrías más rápido que yo
por el filo de los tejados
como sujeto por un hilo al cielo,
atravesando el velo blanquísimo
de la realidad que se descompone.
Vienes al abrazo ahora
como un día nublado a punto de llover.

Gratia plena

«¡tanta vida y jamás y jamás! [...]».

César Vallejo

Cada vez me cuesta más
salir del espejo, abandonar el otro lado.
Aquí no tengo voz, no tengo
que juzgar a mis hermanos.
No tengo. No tengo sombra, no he de
celebrar el beso, no soporto más
que mi distopía de dos dimensiones.
Y así, cada vez me cuesta la costumbre
de volver a la vida errática de las
oraciones, de la propiedad privada
del frío, al calendario del hambre
de los animales. Comprendo la deriva.
Hieren las onomatopeyas y el sol hiere.
Pero hoy me han dicho que se
buscan poetas para cambiar el mundo.
Me he alistado. Ya no tengo miedo.

Al revés

«y en algún lugar
está empezando a acabarse el mundo».

Ana Llurba

He peregrinado
en busca del verso,
hallado entre escoria,
lamentos, rimas, en ricos libros
o en lápidas modestas
como aquella que decía
que la vida nos perdone
por no vivirla juntos.

Y con el corazón al revés,
derramándose como enjambre
de dudas y campanas,
así el tallo de la rosa
y fui en busca de los lobos.

Nadie sabe que lo hice
para nunca más decir te quiero.

Himno decepcionante

«Y casi no sé más [...]».

Antonio Gamoneda

Después de tanto camino
huyendo del principio,
me asomo y veo
que estoy cerca del final
y que llego al mismo sitio.

Sesión de noche

«Suponga ver sombras en las paredes».

Osvaldo Picardo

Existe una regla no escrita.
Las grandes películas
hay que verlas de noche.
Cuando las estrellas brillan
como lo hacían en Hollywood
y los ojos se cortan a navaja
en blanco y negro.
Tan vulnerables como mediocres
sonreímos con el miedo
de quien tiene cuentas pendientes
y espera ser absuelto
por un giro de guion.

Hombres buenos

«tus ojos tienen su silencio».

E. E. Cummings

Los hombres buenos
no empuñan pistolas.
No disparan al aire
mientras esperan
ser descartados.

Los hombres buenos
no tienen días de furia.
No urden planes de venganza
contra sus carceleros.

Los hombres buenos
no prenden fuego.
Se consumen en él.

Milicia

«Discreto amigo es un libro».

Pedro Calderón de la Barca

Me pregunto si estas
letras de nada sirven
o si hemos de rescatar
los cuerpos caídos
de los poemas,   (leamos)
milicianos rebeldes
que lucharon por nuestra libertad.

Un libro no ha de ser
un cementerio de palabras,
sino un lugar parecido
al de mi sitio entre tus brazos.
Sagrado y profano.

En el otoño

«[…] en el otoño se mira al cielo […]».

Søren Kierkegaard

Nunca he escrito sobre mi padre.
Tiene los ojos llenos de hojas
caídas y cuando ríe todo se
altera como en un día de viento.
Cada mañana se viste
para esperar erguido a la noche
cuando cada día es cada vez
más corto, más frío. Más tenue.

Aún recuerda todos los
caminos y a veces me habla
de la vida de sus padres
como yo lo haré contigo.

Aquel pasado

«Qué sería de mí sin
vosotros».

Luis Alberto de Cuenca

Aquellos tiempos de antes
en este pequeño pueblo de frío,
cuando los hombres
soñaban con ir a la Luna
y mis padres aún no se conocían.
Parecía que todo era más tarde.
He visto fotografías
de personas que no conozco
con la mirada traspasando
el umbral del tiempo.
Algunos están aquí,
donde yo estoy ahora,
posado sobre sus huellas de ceniza
como ya hicieron antes
otros y otros más antiguos,
aquellos que jugaban al fútbol
con zamarras de cordones,
que con maletas de cartón llenas de humo
viajaban de allá para acá
en la búsqueda incierta
de cualquier promesa.
Aquí quedaban los campos,
el bullicio inesperado del mercado,
la campana anunciando duelo.

Aún es pronto para aquel pasado.

BCN

«[…] sólo podré vivirte en la distancia […]».

Giulia y Los Tellarini

Era viernes en Barcelona.
Dios, como un turista más,
compraba un libro sobre Gaudí.
Por el cielo aviones plateados y grúas.
Dioramas brillantes
como escamas de dragón
se confunden con la luz
de la estrella definitiva.
Mientras se fundían los
relojes. Puede que el tiempo.
También sentí el frío
marchito del filo de las banderas.
Era el mismo viernes
que solía ser aquel día.
Barcelona tenía los ojos entreabiertos
y la lengua salada como el mar.

Memoria

«Una rosa es una rosa es una rosa».

Gertrude Stein

Siempre creí más en el olvido
que en el recuerdo.
Es extraño, la memoria nunca
atiende mis razones.
Es terca, desobediente,
un eco de rosas pisadas
sobre las sienes de los relojes,
luz de niebla y sueño
ante los labios del destino.
Estamos llenos de la vida
de otros, de sus palabras,
de sus heridas.
Vivir y morir son el mismo
deseo cuando la ascensión
es la caída y al final
somos lo que ni se olvida
ni recuerda
en las voces de un coro griego.

Juventud

«pertenezco a la tierra y a su invierno».

Pablo Neruda

He pasado toda la vida
huyéndome,
sosteniendo el fulgor
oscilante de un mercurio
que mide el nivel de los años.
Me pregunto cuándo
llegará el día de mi final,
cuándo la liberación
de este canto contenido
que habrá de diluirse
entre todas las estaciones.
Para qué la eternidad.
Ser siempre siendo
a pesar de lo que he sido.

Temblar

«Nací para poeta o para muerto».

Gloria Fuertes

Aprendí a temblar muy joven,
casi recién llegado.
Maldito desde tan pronto
para vuestra gracia
de aprendices a estatua.
Cada hora, cada día,
cada mes, cada año.
Mejor trémulo que disecado.

La razón

«¿Qué son los seres humanos y hacia dónde van?».

Fahrenheit 451

Naces, creces y comprendes
que tu valor no alcanza al del oro
y que siempre hay fusiles
dispuestos a entrar en razón.
Verás arder libros
y cómo las máquinas reinventan
el hambre, la pobreza y el olvido.

Circo

«Y sueño que he vivido y que me llamo de algún modo».

Leopoldo María Panero

Cuando el circo llegaba al pueblo
se encontraba con la vida esperando
de unos niños que crecían entre polvo
y muñecas remendadas.
Con los ojos tan grandes
como el corazón, asistíamos
a la doma de leones abandonados
por la furia y a las acrobacias
de un ángel desterrado
sobre un trapecio sin red.
Después los payasos
nos hacían reír con su tristeza ambulante.

Al día siguiente
parecía que todo había sido un sueño.

Apagón

«¡Pronto, la luz, pronto, pronto!».

Pedro Salinas

Incluso quien es feliz
puede sufrir de tormentas,
cortes de luz inesperados
en el paraíso ansiado.
Y buscamos el número
de teléfono para pedir
ayuda y el tiempo de espera
es superior a la luna menguante.
La urgencia de nuevo.

Calle Maura

«aquí sucedo [...]».

Mario Benedetti

Vivo en la calle Maura,
muy cerca de mí mismo.
Aquí aprendí a soñar
antes que a ser libre.
Una campana insiste
en su empeño de las horas
y los pájaros se posan
sobre las voces de los niños
que juegan a existir.
Esta fue mi casa desde
que pudo sostenerse.
Hay quien toca sus puertas
con las palmas de la mano
y espera que se abran
como se abren mis ojos.
Mi padre la cuida.
Mi madre la ama.

Cuando vengas a mi casa
ven con un verso nuevo.
Así es esta distante cercanía
que me lleva y me trae y no me deja.

Escondite

> «Lo que se hace no se puede deshacer [...]».
>
> Ana Frank

Esta noche tampoco
tiene sentido,
escribe Ana Frank
a la luz de una vela.
La muerte colecciona
esqueletos de niños
y sé que quiere el nuestro.

Nadie puede esconderse.

Alarido

«como un sol que se cae
sin poder detenerse».

Ángeles Mora

Con el nombre ya desnudo
acudes al frío habitual
donde duelen las miradas.
Puntual a tu cita
tediosa con la alegría
el peso de la luz
aplasta de nuevo la flor.
Qué importa el dolor
entre mudos y sordos,
alarido invisible en
los manuales elementales
de soledad.

Domingo en soledad

«En la cabeza llevábamos coronas de hierro».

Fernando Arrabal

Como desapareció la isla de Friendship
y el perfume de las cartas,
sin el ruido de las cosas
que se rompen en la indiferencia,
podría la muerte ajustar la hora
del reloj del fin del mundo.
Como si escribiera en el agua
y no tuviese un plan de fuga.
Con los brazos dormidos
ya comenzaron a llevarme.
Aparezco triste en las fotografías.
Desenfocado. No presto atención
a los geranios ni al laurel, ni a aquellos lunes
de cuando estuvimos enamorados.

El vino mide el tiempo
de un domingo en soledad.

Lámpara

«Nido en el mar. Cuna a flote».

Manuel Altolaguirre

Podría escribir que hoy
el corazón me late más lento.
Nadie es como yo ahora
que me expongo a la luz
fría de una lámpara de tristeza,
y más huido que vivo
enumero cosas absurdas,
oro, beso, miedo, fuego,
cáliz, guerra, mentira,
sin saber a dónde voy.

La poesía me ahoga
mientras me abraza.
Es inhumana como el hombre.

Juntos

«Además te quiero, y hace tiempo y frío».

Julio Cortázar

Solo muere quien ha vivido,
quien alguna vez ha soñado
más allá del filamento de tungsteno
que da luz a nuestras sombras.
Alguien o nadie aguardará
impasible los años inéditos
que habrán de cubrirme
hasta que el aire ya no me pueble.
Nada puedo reprocharte
si estuviste cerca y cogiste mi mano.
Si fuiste tal vez el mayor de mis errores
y sabes que a partir de ciertas horas
ya no entiendo lo que escribo.
Pero no pierdas la esperanza,
en el hundimiento
volveremos a estar juntos.

La 2

«Tal vez no sé explicarlo».

Antonio Lucas

Se ha terminado el verano
sin que volvamos a encontrarnos
en un adiós, cuando todavía
te veo al apagar la luz
y dormitas con las gafas puestas.
Me cuesta compartir la cama
con alguien que sueña de día
y por la noche se deja apresar
por el silencio. Y mientras, en La 2
se emite *Metrópolis*.

Mañana de nuevo tomaré mi cuerpo.

Justificación

«he de yacer con el estéril tiempo».

Francisco Brines

Solo es un poema. No es un aleluya,
ni una alegoría. No es el réquiem
para un hombre que no sabe morir.
Solo es un poema sobre mí,
el que se perdía, el que no era nadie.
Aquel a quien veías vestido
yendo a algún sitio buscando sus treinta años.
El que nunca fue de piedra ni de ira,
el que estaba esperando en el espejo
para mirarse aunque le faltasen piezas.

Es un poema sin misericordia
donde te digo que el amor es demasiado
corto cuando solo es eterno.
Ningún libro lo esperará para siempre.

Federico

«por tu voz, sola entre las tempestades».

Rafael Alberti

Si existiera. Si fuese yo
aquel al que buscan en el polvo,
si lo fuese, vestiría su chaqueta
agujereada por los ojos de los generales
y con los brazos como agujas
de reloj a las tres menos cuarto
abandonaré la carne para quienes
busquen solo mi cuerpo
marchito y vacío de tinta.
Ya nunca ni cuándo, sin la muerte.

Hormigón

«me gusta tu verdad».

Elvira Sastre

Como la hierba entre las grietas
del hormigón, este poema
busca la luz ahora que es primavera.
Si nadie lo corta, si nadie lo pisa,
podría sobrevivir más allá de mí
cuando lo lea en voz alta,
tan alta que nadie pueda escucharme
entre las otras voces
que rezan más fuerte, con más miedo
a la muerte y a caer en el olvido.

Perder

«naufraga la blancura de mis dedos».

Francisco Villaespesa

Perder. Verbo que va descalzo
andando sobre mi espalda.
Defiendo mi nombre hasta
no poder más no poder,
como Balboa cuando estaba KO
y esos mortales del sur
que huyen hacia el norte en verano.

Yo siempre pierdo. Lo sabe la noche
cuando no tiene luna. Lo sé yo.

Hombre partido en dos

«He visto al hombre más afortunado
sonreírle a sus amos sucesivos».

José Luis López Bretones

Hombre partido en dos,
vuelves a casa transido
bajo el sol de mediodía.
Te pareces a la mitad de tu vida
y a la palabra *hemisferio*
cuando no eres quien pareces
a los ojos del presente,
si acaso sístole o diástole,
pasado o utopía.

Hombre partido en dos,
¿acaso temes al miedo?

Feliz o triste, aún no te han vencido.

Verso

«De lo oscuro surge el negro mundo de las noches».

Georg Heym

Y como el final de una historia
nunca contada, tras la última flecha
llega el tiempo de la espiga,
de adorarnos de nuevo
como si todo hubiese ocurrido
sin que nada pasara.
Sin el ruido sordo de las cosas
que acaban cuando tienen que acabar
y ya nadie vuelve a saber de ellas.
Hemos sido los únicos
que nunca quisimos ser un verso,
y fíjate ahora, que te escribo
desde hace tanto tiempo
que parece que siempre hago lo mismo.
Aquí pasaré el invierno. Seguimos siendo otros.

Parte II
VOLVER A VOLVER

Arlés

«La jaula se ha vuelto pájaro».

Alejandra Pizarnik

Teníamos una habitación
como aquella de Van Gogh en Arlés.
Allí aguardábamos la muerte
de quienes nos amaron
sentados en unas sillas
de enea verde. Pero aún era
pronto para la soledad.

Algunos días llovía sol.

Marca de agua

«Enciendo para ti la casa poema».

Ioana Gruia

El poema de amor
más antiguo del mundo
aún no ha sido escrito.
Dicen que lo sueñas
aunque todavía no eres
esa marca de agua
incrustada en el azul cielo,
ni conoces las teorías
de las que hablaba Einstein, (espacio-tiempo)
aunque cada vez
nos une más el aire.

Algún día, escribir poemas
será el oficio
que todo lo vence
mientras el tiempo se acaba.

Truco

«[...] como un arco que nunca se disparará».

Tomás Segovia

Contábamos a la vez (1, 2, 3, 4, 5...)
aguantando la respiración
y cuando el pálpito acelerado
del corazón se hacía urgente
te soltaba la mano
para que pudieses desaparecer.

Y al día siguiente lo mismo.

No es matemático. Solo un truco.

Autoservicio

«En este día de cada día».

Antonio García Soler

Cuando todo su miedo
sea mío
podremos empezar de nuevo.
Elegir en el catálogo de absurdos
las razones de esta locura
como en un autoservicio.
Ella quiere altares, la bala
que mató a Lennon,
los pasos perdidos
por las ciudades del norte.
A mí me basta
con saber donde estoy
igual que las flores ciegas.

Nadie sobrevive

«El poeta es un fingidor».

Fernando Pessoa

Yo finjo
cuando escribo poemas
y digo
que nadie sobrevive
a las leyes de la ausencia
aunque se esté en rebeldía.

Como si de nuevo
estuviésemos vivos
la carne pretende
hallar tu número áureo
al caer la noche
con la radio puesta
oyendo aquella voz.

El amor en los tiempos
del cólera no se cura.
El pasado siempre
tiene el corazón roto.

Ingrid

«y era como si oliera muy despacio un perfume».

Pere Gimferrer

Otra vez en el aeropuerto.
Tal vez hoy no,
puede que mañana tampoco.
Parece que el tiempo pasará.

Sigues igual de joven
pero ya estás muerta.

Nada

«No queda nada de lo que fue nada».

José Hierro

En la página 129
de un libro de José Hierro
dice que todo ha sido nada.
Nada el cielo, nada tu nombre.
Nada los sueños y también
nada las cosas que nos separaron.

Ahora lo entiendo todo.

Metapoesía

«una sonrisa enorme como una ciudad».

Manuel Vázquez Montalbán

Leerte. Escribirte.
Leerme. Escribirme.
Una a una enumero
las razones de lo nuestro.

Maneras de pedir perdón

«La vida es uno mismo
y uno mismo son los otros».

Juan Carlos Onetti

De rodillas, a *sottovoce*,
con un ramo de violetas
o incluso sin él,
con el alma en el filo
de una navaja
que puede cortar
el llanto o la risa,
con una llamada de noche
o al alba sin dormir.
Más allá de la esperanza
o lejos de cualquier sitio.
Te lo diré con el mar.

Después escribiré
sobre tu adiós
y otros crepúsculos.

Esto es amor

«esto es amor, quien lo probó lo sabe».

Lope de Vega

Si te dijeran que el amor
une lazos y vence puertas
te estarían diciendo que el
amor es poderoso pero
que tú eres débil, efímero,
quien teme y sufre por las fiebres
conjugadas en el verbo amar.

Si te dijeran que la llama
quema y no quema pero abrasa
al tiempo que se inflama desde
los ojos hasta el alma, quizás
el miedo te asalte cuando tus
ojos y tu alma te abrasen sin
mesura en ese lento arder con
el pecho lleno de alfileres.

El amor no sabe de credos
cuando te atraviesa la razón
con luz infestada de sombras.

Cuando una hora es sesenta suspiros
y ya han vencido tus defensas
sin haber amado todavía
oremos entonces por aquel
que no lo ha probado y lo sabe.

Restos de fábrica

«y a veces la razón no es lo que era».

Raquel Lanseros

Dios no traza líneas rectas.
Esparce su polen al azar
y sopla con los ojos cerrados.
Por eso se equivocó la paloma
y existen tantos colores,
el dulce, lo amargo, la aciaga
distancia hacia lo imposible.
Existe lo imperfecto desde
el mismo inicio de la creación,
la abundancia y el hambre,
los corazones hechos con los
restos de fábrica y la codicia
siempre pretendida de la belleza.

Alguien capaz de abandonarse
puede sobrevivir. Suelta mi mano.

Almendra amarga

«Se me va de los dedos la caricia sin causa».

Alfonsina Storni

Una vez comida la almendra
amarga no se puede volver atrás.
Como una perla negra
que se disuelve furtiva
sobre los campos de la inocencia
también llegará el beso áspero
de los labios del otoño
que altera el almíbar en ingrata
agua marchita con la que saciar
la misma sed de siempre.

Y tras la epifanía oxidada
proseguimos nuestros caminos.

Del Amor

«Hasta mañana, susurraste».

Amado Nervo

Te esperaba aparcado en zona azul.
Podría ser tu mediodía.
Carlos del Amor hablaba en la radio
sobre los labios dormidos de *La joven*
de la perla mientras comenzaba a llover.
Entonces me di cuenta de que cuando
no estás conmigo todas las cosas
carecen de asombro menos tu ausencia.
Y me eché de menos echándote de menos.

amoR

«Odi et amo».

Catulo

En este minuto de aurora,
cuando de nuevo el mundo
se posa en la palma de tu mano,
te miras reflejada
en el cristal de mis gafas
y detrás de ti arde Roma
con aquellos fuegos de siempre.
En este minuto no caben
promesas vencidas ni vértigos
antiguos, solo el deseo
renaciéndose por sí solo.
Y entonces cerraste la palma
de tu mano igual que la caja de Pandora.

Cosas pendientes

«Allá, allá lejos;
Donde habite el olvido».

Luis Cernuda

Ya sé que no seremos
ni los primeros ni los últimos
que lleguemos tarde
a la vida de los otros.
Esa manera de acercarte
desde tan lejos, casi huida,
hace que el pasado a veces
sea cierto igual que el daño
que nos hicimos en todas
nuestras cosas pendientes.
Y mientras estemos vivos
nada podrá impedir que lo sepamos,
que puede que en septiembre,
o en octubre, en una de esas tormentas,
lleguemos juntos a donde
hemos de llegar, donde habita el olvido.

Paz

«La guerra es como una hoguera».

Miguel Hernández

Adivinas que mis ojos
ya están mirando muy lejos
y que el viaje se hace urgente.
Te escribiría —piensas— con acuse
de recibo, pero ¿cómo se llama
ese sitio tan secreto que no
aparece en los mapas?
Si te lo dijera —amor mío—
estarías también en donde no conoces,
ni cerca ni lejos, en todos los sitios.

Búscame en tu paz, yo habré de encontrarte.

Pan

«¡Oh, tiernos como sois! […]».

Rilke

Como el pellizco ávido
al pico de la *baguette*
cuando su cuerpo huele a
pan tierno, el amor no entiende
de espera, se deja, se pierde
en busca del filo de los labios,
de la entraña, palpando
lo que he de comer cada vez
que el corazón se descuelga
de su sitio para huir a donde
se pierde entre pájaros.
Amaso con los ojos cerrados
hallando los vértices
y las puertas abiertas
y el vuelo de cortinas.

Amor, beso y bocado.

En blanco

«Paloma vuelta quimera».

José Bergamín

Como si estuviese sucediendo ahora
lo que tantas veces ya ocurrió
en las fotos de un carrete de Kodak.
Como si todo eso volviese
arrojado de nuevo por el mar
y yo me encontrase con que aún
guardo un papel en blanco
para escribir sobre avistamientos
en versos desordenados.

He pensado en buscarte en el pasado,
detrás de todos estos años
que como la tramoya de un teatro
fueron cambiando de presente.
Lo he pensado casi todo
buscando un silencio que ya tengo
pero que no deja de hablarme de ti.

Algo para hacer antes de morir.

La tarde se detiene

«Y no puedo desamaros».

Juan de la Encina

La tarde se ha detenido
igual que aquella vez que conocí el amor.
Sin avisar. De repente
las cosas se han quedado en el aire
mientras saltabas en la cama.
No sé si a las horas
les faltará un trozo de reloj
o si es que eres tú de nuevo
quien altera mi tiempo
y mi ropa y mi dirección.

Te sigues llamando igual que antes.
Como se llama todo lo que ya conoces.
Tu crema de manos. Tu olor. La vida.

La tarde se ha detenido otra vez.

Frontera

«Perdonen la nostalgia».

Julio Alfredo Egea

Debí abandonar este poema
como quien salta de un coche
en marcha cuando dejaste
de estar a este lado del aire.
Habría recogido mi voz
de donde no se pronunciaba
tu nombre, de la letra angosta
de las personas mayores,
del bocado a la manzana,
de la estrella caída.
Debí renunciar a que mi pie
dejase huella, a la burla del bufón,
a todo lo que contiene el todo
menos a unas décimas de fiebre.
Si hace algunos años, los que ahora
son frontera, hubiese sabido lo que sé
de ti, de tu no volver a vernos,
del vino que te gusta, de esas maneras
de atusarte el pelo cuando hablas.
Después llegó otro mañana, otra
vez otros días y la certeza de
que entre el olvido y la nostalgia
está la delgada línea de no rendirse
aunque nunca quieras volver a ganar.

***

Índice

Parte II
VOLVER A VOLVER

Este libro se terminó de editar en Granada
en enero de 2026 por

Aliarediciones

www.aliarediciones.es
info@aliarediciones.es